CARLOS EGAÑA
mínima antología desde la rabia
Buenos Aires Poetry, 2024
90 pp.; 15,24 cm x 22,86 cm.
ISBN 978-987-8470-90-0
Poesía Venezuela

Editorial ©Buenos Aires Poetry

Colección ©Pippa Passes

Diseño editorial ©Camila Evia

**BUENOS
AIRES
POETRY**

BUENOS AIRES POETRY

editorial@buenosairespoetry.com

www.editorialbuenosairespoetry.com

CARLOS EGAÑA

mínima antología desde la rabia

**BUENOS
AIRES
POETRY**

**PIPPA
PASSES**

Carlos Egaña

*

mínima antología desde la rabia

*

siete poemas para sepultar la nostalgia

siete poemas para sepultar la nostalgia

el jardín de las delicias

me cago en dios, la virgen, todos los santos

me cago en la estrella del norte

me cago en los árboles, sus ramas, indiferencia

me cago en los mares y su maleza: Caribdis, Escila, sirenas y leviatanes
        que diluyen nuestras huellas

me cago en la familia nuclear

me cago en el destino y el destierro

me cago en los fines de meses, la vaciedad de mis bolsillos

me cago en las universidades y sus mentiras,
        las patadas que les dan a profesores
        por el culo mientras engordan sus arcas y financian desastres

me cago en las banderas tricolor, en todo pañal sobre un asta

me cago en las redes sociales

me cago en las redes de pesca

me cago en las iglesias, las estatuas, cada piedra que recibe la admiración
        de nuestros ojos

me cago en los campamentos de verano, también los de trabajo

me cago en el infinito y el más allá

me cago en los hoyos negros

me cago en las ferias del libro

me cago en las consignas del neoliberalismo: querer es poder,
        para amar a los demás
        tienes que amarte primero,
        nadie te debe nada ni le debes nada a nadie

me cago en el método científico

me cago en la policía migratoria

me cago en la policía y punto

me cago en las revistas especializadas,

en la búsqueda de premios y promociones
disfrazada como búsqueda de lo cierto
me cago en las películas de superhéroes y las películas que tratan a belicistas
como superhéroes
me cago en el horóscopo
me cago en los compases
me cago en las cataratas artificiales y los hologramas
me cago en las agujas del reloj, las agujas de coser, las agujas, las agujas,
las agujas
me cago en los procesadores de lenguaje
me cago en las crujes, las lunas y demás garabatos
me cago en la función poética
me cago en el supremacismo blanco, rosa, correcto, en cualquier jerarquía
que valora las manchas sobre el pincel
me cago en los museos y los maniquíes
me cago en los cementerios para turistas
me cago en los códigos de vestimenta
me cago en la comunicación instantánea
me cago en los cigarros que mis pulmones exigen
porque equiparan la valentía a la niebla
me cago en el folclor que se viste de saber ancestral
pero nació durante el siglo pasado,
tal vez el antepasado
me cago en este mundo que morirá antes que nosotros y, por ello,
propongo que nos caguemos juntos
enterremos en nuestras fosas el espíritu de cada quien
y quebremos todos los significados bajo nuestro peso.

para Jonghyun (abril, 2019)

¿recuerdas, Jonghyun,
cuando movías tus caderas y rayabas un disco fantasma
fingiendo fantasías militares?

¿recuerdas cuando me guiñabas el ojo
segundos antes que la luz se esfumara?

derretía mis uñas con lágrimas de cera mientras murmuraba
tus versos para asordar mi derrota, no oía
las palabras de mi madre, eran cacerolas
ante el guayabo.

mientras tantos parqueaban sus carros entre los hoyos
de las nubes y la autopista
como si la barra solitaria de señal de sus móviles implicara la resurrección

como si amaran o sintieran o vivieran en busca
de errores afortunados

volteaba mis ojos en busca de tus promesas de estar conmigo siempre.

아주 아주 꽤, lo que lloré mientras bañaba mis costras en lo oscuro.
아주 아주 아주 꽤, los temores marabinos entre saqueos y fuego sucio.
아주 꽤, mis tropezones al simular tu coreografía.

no quise ser responsable por quienes perdieron la salud
ni busqué la fama ante las cámaras extranjeras del afuera,

apenas quise que me felicitaras desde tu sombra, desde las mías.
pero cuando volvieron del quirófano los bombillos
y los rostros de mis primos dejaron de ser arcilla

cuando los teléfonos de la cuadra perdieron sus bozales
y secuestraron la serenata de las chicharras

cuando la sangre dejó de centellear en las aceras
y se evaporó debajo de los faroles,

entendí que mi sufrimiento jamás será igual que tu belleza.

invocación

Mefistófeles o María Lionza,
      celebro sesudamente el contrato que espejean
      las páginas barrocas sin propósitos

      que firmamos entrambos pa' anochezcar la tembladera.

nos transportamos a ciudades vueltas pompas fúnebres, memes
& maldigo nacer en tiempos incorrectos pa' mis palmas

      encantados en la decepción, llorosos, rientes,
      navegamos entre compras innecesarias & dudo de mi querencia.

me enseñas a bailar tras entregarte en copones mis glóbulos
      & mis piernas son halcones que pululan allasones
      & me encuentro, cuerpo tuyo, brincando sobre pieles.

trompeteo como suelo contra tímpanos calletanos
      sorpresa, los ojos en revés son cero,
      somos ciempiés sónico, disturbio menos turbas

      finalmente bailo sin ser bajeza, laburo, bala.

la culpa ya no columpia mis órganos: el hechizo selló los rencores
en una jaula de nomeimportas & nisedondes.

fuera del círculo constricto, los pocos enterados –porque siempre
los hay, a mi pesar, al pesar del palabreo– derrochan nóes
hacia la nueva complicidad

por envidia que fortalece, por pavor ante el regleo
por porciones que jamás se podrán compartir.

mas amasar las quejas es una pasión que cargo desde el deseo
que nació contra mi infancia dentro de mí, dentro del antes.

& es que, ¿pa' qué entrañar, ver enternurado de extraña
la mortalidad de este esqueleto
      si los pellejos andantes de mi ciudad
      solo beben de milagros sin repetición?

propones, hojillas ante mí, que diseñe sobre mi dermis
un laberinto de carmesí & remordimientos

un laberinto resbaloso de mil salidas

      como si temiera a la vaciedad de mis arterias
      cual normalón, cual narval en pañales.

no comprendes, aparición, que he estudiado dolores en mi práctica,
      ¿o sí, & sencillamente tientas mi soberbia,
      fruto de espaldarazos secos?

recibo de músculos abiertos, barbilla a la cumbre, párpados al suelo,
otra andanza que si destruye mi ilusión, no será sino moretón a la lista.

tomo, por tanto, la misión de enfoguecer el uniforme
de ser humano
con el éxtasis del primer respiro, del sollozo que denuncia

la tozudez materna
la ambición desacelerada de los abuelos.

total, ¿pa' dónde dirigimos nuestras migajas & cordones,
a la panacea de los viernes o la bañera de entresemana
a las resaca sinceragudas o las siestas del mediodía?

le entrego mis muñecas al pentagrama, al altar
    & borramos lo que me resta a talonazos.

país de junkies

i.

entiérrame los dientes en la nuca
pa' que el dolor de estómago no cante su coro.

lo sé   mis hormonas se ensucian con suavidad
lo sé   mis infecciones saben a lejos
lo sé   mis cromosomas reemplazan el azúcar.

entrégame el rubor de las actrices que te llaman
y brinca sobre tu teléfono después.

será lección para mí
será ritual pa' tu paciencia.

ii.

siempre terminas en el mismo lugar, preciosa
columna mía, tobogán de taladros alegres.

siempre terminas
antes que mis gemidos aterricen

eres mar sin señales de tránsito.

iii.

te quitas los zapatos
y susurras en voz alta:

[*I can make you feel better*   subestimas la goma, montarse es un poema
I can make you feel better   rebotas y bendices los hoyos que observan
I can make you feel better   intentas ser espiral, abrazas la pequeñez y
                        perforas el plástico de la nostalgia.

If that's what you want, boy,
You know where to find me.]

la casa te sabe a placebo.

iv.

mi país es una oración que no conoce punto final.

patea los signos ortográficos como latas deformadas y balones de chicle.

espera tu regreso para continuar la narración
y los ecos y los ecos y los ecos
del deseo que entre rosas se pierde en la nariz.

ya viene el sol

¿de qué carajo se escribe
cuando la sonrisa apuñala cada rincón
de la cara? ¿cómo reventamos las arrugas
del alma cuando se vuelven vapor sin dirección?

¿para qué vomitar palabras, manchas cuyo sentido decidimos
entre chispas y ganas de desnudarnos, cuando no bastan
para tapar los cráteres en mi cráneo?

(erupción. elipsis. las oraciones se pierden bajo cataratas
y dejan de respirar sin queja alguna.)

si los escupitajos que culminan en revistas
mohosas, ilusas nacen del dolor, ¿por qué
mi lengua se escapa de mis labios, enciende la fogata,
danza sobre el teclado que no conoce la paciencia?

(sospecha. sollozo. mi infancia tiembla
dulcemente.)

¿de dónde vinieron las nubes que me llovieron
en esta ciudad? ¿desde cuándo mi cuerpo se siente en paz?

(si después de tantas dudas me estiro,
flexiono mis facciones más flojas y me vuelvo la curva
que tiene como detalle el punto bajo, bajito, tristón,
¿habrá alguna cuchara que recoja mi simetría?)

¿será que el optimismo trota fuera de diccionarios?

¿será que soy muy duro conmigo mismo?

¿será – qué – será?

no sé to'

siéntolo, siéntolo, no conozco
las virtudes del desierto. cuento
poemas y recito numeritos
en voz alta –terca, torpemente.

(de repente, el Esequibo:
la pata trasera de nuestro elefante.
no me quito de las alas o cabeza
los mapas repetidos, pisoteados

de los libros de texto, las consignas,
la bibliografía más persuasiva
mientras entrego mi paciencia

al aprendizaje de los hijos de estalactitas.)
soy un pincel que escribe caricaturas
de sus dudas, una mosca distraída pero brava.

hdp

yo siempre quise ser un hijo de puta

(perdóname, Benito, pero *bichote* es una palabra

que no sabe encestar). el más grande de todos,

heredero del semen más sucio, penes rasurados,

bolas de todo tamaño, cartas amorosas y cachetadas.

en el colegio veía a los que jugaban futbol, amoratados

mas adorados en las clases que raspaban, y fantaseaba

con tener pies menos frágiles y tatuar su rostro con mis suelas.

encantados bastante, conmigo. cuando contaba con mis dientes

cada mentira de las misas, cuando compartía

mi soberbia alecturada, celebraban la bajeza de mi voz.

empecé con el ron, fui para sus fiestas

(escultura, muestra del zoo, jamás entendí mi lugar entre músculos).

la meta no me dejaba quieto, volverlos mierda, dejar en evidencia

la gafedad y transparencia de sus astucias, lo que les prometían.

no me pararon. o bueno, me dieron un taburete.

qué borrado, tienes buena labia, coño está deep,

cumplidos que convalidaban qué, vale, cuál era el punto.

fue suficiente: me gradué de ese desierto, conocí las cataratas,

aplaudieron las burlas y la ayuda, muy interesada.

después Montalbán me trago, o mejor, me tragué

sus inseguridades como si yo no tuviera alguna.

lo recuerdo perfectamente, la primera clase de religión,

vestigio del orden que jamás dejaré entrar en mis papeles,

el *hobby* principal de casi todos era *comer*, o peor, *dormir*.

auxilio, sorpresa, revelación, aquí nuestras voces no mimarán ecos.

me di cuenta luego de tragar gas y eructarlo, Coca-Cola cualquiera,

que los tornillos que faltaron al construir mi cerebro valían cero.

podía mentir y mimar y masajear el ego que comparto con el resto
siempre que el verbo siguiera al sujeto, después del predicado, la fórmula.
todos los que *decidimos* quedarnos en Caracas estábamos huecos
de cabeza, de empatía, de esperanza.
mis enfermedades no fueron sorpresa
ante las expectativas de mis compañeros que clamaban por cambio.
mejor dicho, mi depresión y mi vocación al riesgo, cuestiones traducidas
en poemas donde el suicidio reina, no fueron un obstáculo,
nada que matara.
los chismes sobre mi incoherencia me volvieron morbo, me veían
con el asco de las divinuras, el error que ni los padres descifrarían.
 (estoy muy esotérico, te explico, los bebés me dan miedo:
me dijeron que estudiar letras y ser escritor eran mundos aparte,
que perdía mi tiempo.
me dijeron que nadie votaría por alguien del agujero,
que no favorecía a los demás candidatos.
mis notas fueron estelares, tantos votaron por mí.
rompí las expectativas al recortar la timidez
con tijeras que todavía conservo.) mi mano contra la ventana, la miro,
las cicatrices se escondieron tras los traumas, el tránsito.
ya no veo las cortadas cuando chamo, los ejercicios con hojillas
imitaban los rumores en inglés, los dramas de GeoCities, de LimeWire.
ya no veo los moretones universitarios: el caucho sin aire,
los chismes homofóbicos, el típico zombi
que relataba los intentos fallidos de suicidarme.
la cosa se encaminaba, queda claro, mis piernas tuertas se desvanecieron
ante el asombro medianero. los universitarios aman exaltar la diferencia
pero se quedan pegados en el uniforme, causar inspiración no costó mucho.
(vamos con el alfabeto, los vecinos que nos asustan: equis,
ye, zeta. tampoco significó tanto, sacrifiqué mis sinapsis
por las consignas y los deberes y las leyendas. me entregué

sin lazo ni papel celofán al himno nacional. era la respuesta
lógica, pero quién carajo sabe qué esa palabra significa.)
me glorificaron luego, me resintieron luego, me deletearon
luego de que el *flow* de mi culo dejara los labios sin agua.
(como Taylor Swift, incorrectamente dije lo correcto,
mis canciones y rabietas de chamaco quedaron infértiles.)
los otros once signos del zodíaco dudaron de mi cola,
solo quedaba mi cuerpo para clavar. ¿por qué, Caracas,
cementerio sobre el sótano, perdiste tus ganas
de lamerme entre las piernas para morder mi soberbia?
me mudé después en contra del esfuerzo,
de las botas pisadas y sorbidas.
ahora que mi nombre no divide las noticias
ahora que Nueva York ha nevado sobre mí,
me doy más bien cuenta que yo soy la puta.
follo con media ciudad sin pensar
en los suplicios, el saber de las calles.
no sé cuántas botellas de vidrio germinaré, sé que
mis raíces dejaron de vestirse de venas y flirtear con el bisturí.
sí, soy la puta, mamá de mis enemigos y tus molestias,
aquella que recibe tus DMs
en la madrugada, que corroe tus términos y condiciones.
aquella que se lame en público para demostrar su pulcritud.
he sacrificado la fama por las verdades, el drama por el dinero.
me esposé las muñecas y me tragué la llave
en busca de mi más nítida definición. creo que la conseguí,
pero la tuve dentro de mí desde el inicio
pero *creer* y *creerse* desgasta.

Silencia tanta amargura

desde & para

Ignacio ______

gracias, también, al Museo Metropolitano de Arte
(por entregar sus imágenes al dominio público)

I.

Lo que voy a relatar es cierto. Puede que de vez en cuando, las metáforas se me vayan de las manos. Mis palabras intentan reflejar lo que sucedió, los hechos. Pero mis palabras son traicioneras, fuman donde no se puede, se cagan en la luz de los semáforos. Espero que se comporten en esta ocasión.

El protagonista de estas páginas ha sido masticado, digerido y vomitado por mi patria, donde el *cyberpunk* y lo gótico bailan pegado. Desde el Río Harlem, observa al Orinoco burlarse de su rostro cada mañana. No obstante, ya la tarjeta puede con el costo del champú para bebé Johnson's: las lágrimas olvidaron su piel. Él es la mentira que tantos utilizan para asilarse en los Estados Unidos, también es la verdad que más aún ocultan al volver. Aunque exagerar sea nuestro pasatiempo, la pena de este pana apuñala su lengua. Me toca, pues, insultar nuestra amistad y dar fe de este exilio.

La luna de Margarita se refugia a mis espaldas, a las de Emilio. Tenemos luz y sabemos que somos privilegiados. Tenemos voz y sabemos que molestamos. Tenemos amor aunque me cueste reconocerlo fuera de lo fraterno, mi cama no suena, Karol G, mala mía. Paciencia, detente. Estas hojas no son tuyas, mías, ahorcan mis egos.

Perdón. Me descarrilé.

Soy el mejor amigo, cómplice del crimen, admirador y hada al mismo tiempo. Me mudé contra todas expectativas, al menos las mías, a Nueva York. Una beca que no pude rechazar, un trabajo para abandonar el hogar sin abandonar el idioma. Aquí nos reencontramos, lloramos como nenés y un bombillo explotó sobre nuestras cabezas. He escrito con demasiado cinismo, conmigo como protagonista demasiado. Mi par, mucho más apolíneo que yo, necesita compartir su testimonio.

Nos conocimos en la Universidad Católica, Emilio y yo. Viajamos juntos a Seúl, Roma, Montreal como personas que jugaban a cambiar el mundo –como fanáticos, quiero decir, de los Modelos de Naciones Unidas. Reventamos nuestras cuerdas vocales en protesta a Nicolás Maduro, nuestra lucha por los derechos del estudiante nos volvió rehenes de la paciencia,. Purulenta, la paciencia. Leímos poesía sin que nadie lo pidiera fiesta tras fiesta, nos dimos nuestros hombros el uno al otro cada vez que nos partían el corazón. Mas el azar que solo pueden predecir los pranes y patrones de nuestra ruindad, destajó nuestro lazo.

Es hora de contar lo que no conté con los dedos.

Quedará claro tras pasar cada página: no soy hermano de lo original. Soy más bien, en esta ocasión, apóstol único de seis mesías: Kurt Vonnegut, Anne Carson, Maggie Nelson, James Joyce, Pedro Calderón de la Barca, HD. No sé qué es un autor, pero renuncio al título. Ninguna religión me convence; no obstante, cada capítulo de este libro es una plegaria.

Ahora bien, por más que rece en estas páginas, caigo en la tentación. Mi Mefistófeles tiene otro nombre, y ese es Simón Díaz. Sus tonadas manchan mis versos y acarician mi hipomanía, el éxtasis de mi falsa fe. Aunque esté lejos de mi ciudad, de Venezuela, el mar Caribe que separa mis hogares es lo único que nutre mis raíces. Y en vez de encubrir el canto de las sirenas, se regodea con relinchos de vacas y caballos.

Listo. Doy fin al acto de contricción, a mis votos, mi juramento. Pasa a la próxima parte, despréndete de mi introducción y *llora, guitarra, llora*. Que el trauma puede ser un tren a ventanas relucientes, reflexivas.

II.

Marico, mi mamá acaba de preguntarme por qué llevas tantos días aquí,
me dijiste.

Bebía la negra leche del alba, mi saliva surfeaba sobre Toddy.

Ya han pasado cuarenta y ocho horas desde la alarma

—desde que violaron a Tomás con un rifle, lo obligaron a tildarse

de terrorista

y buscaron a Michelle y Gregorio en sus hogares.

Parece que enseñar oratoria, historia, técnicas de negociación es leña

para fogatas y disidencia: fuimos agentes del imperialismo

según la tele pública.

Supuestamente entonces sabría si la pregunta sobre desaparecer

o volver al asfalto sería nula.

Pero los tiempos de mi celular no concordaban con los de Dios,

eran vacíos, imperfectos, en pretérito.

No conseguí las comas para articular mi respuesta,

tu mirada desnudó la gramática.

Le dije la verdad, que estás enconchado,

continuaste. Soy, en un instante, Teodoro Petkoff

escapando del Hospital Militar.

¿Tendré que escupir sangre

para abandonar el país que me pisa? *Tranquilo, no se cagó como pensé,*

tú sabes que eres parte de mi familia,

que estás adoptadísimo. Las palabras apuntaron al sofá,

mi cama segunda, pacificaron mi piel abombada.

Pero notaba de lejos la lengua del examen que corrompe mis sueños

constantemente.

Los nervios, la falta de preparación,

el miedo de raspar la materia me exigían atención.

Incluso fuera de las paredes del aula.

Sobre todo fuera de las paredes de mis párpados.

Había perdido la fe en las reglas de lo real,

así que te propuse despegarnos de lo previsible.

Planchas, abdominales, sentadillas.

Y le echaste bolas. Y sentí que sudamos la ansiedad.

¿Qué coño de la madre estoy haciendo aquí? *Hide in plain sight,*

me recomendaron.

Mas las preguntas no se escapaban de mi cabeza. Contra la pared,

mis sesos,

aunque trataba de bailar con los demás

en la terraza. Corrijo, bailaba con los demás, miento si me pinto

fuera del cuadro.

Los estantes repletos de libros, los cuadros de Zapata,

una cocina tan amplia como un presbiterio: se prestaba mi contexto

para que Velázquez volviera

modo zombi y trazara su última pincelada.

Recuerdo que me contaste tus opiniones sobre Manzanares,

una micro-comunidad, el suburbio montañoso

que rechaza la cumbre

—detesto venir para acá, no sé quién les dijo que construir aquí sería sabio,

pero tienen su mercado, su colegio, su templo,

no tienen por qué moverse de este foso. Varias veces insististe en que

era yo más caraqueño

que quienes se graduaron contigo,

que me esforcé por conocer sectores y vías evitadas por la mayoría.

Pero me sentí más que nunca, aquel día, diferente.

El forastero cuyo disparo rebotó contra los blancos.

Amé el apartamento de Julieta

digo, de su pareja

digo, del embajador exiliado que puso la familia por delante.

Fui inestable, soy inestable,

verme rodeado de mis amigas y mis amigos obstruía

las manecillas del reloj.

En medio de la calma, los chismes,

el hilo que enrolla nuestra nacionalidad.

El novio de Estefanía tenía carajitos,

ocultos al parecer, nos enteramos recién.

Mercedes, casi que esposa de Leonardo, se embarazó con un peruano.

La misma Julieta dudaba de su destino,

los amores y la ambición periodística se enfrentaban

a pesar de tenerlo todo.

Para mí, todo.

Quisieron tomar una foto para celebrar el reencuentro

–teníamos tiempo sin estar en conjunto,

nuestros caminos divergieron,

¿en qué momento se bifurcan los jardines?–, me volteé

para salvar mis espaldas antes del flash. Entonces

la borrachera le echó los perros a la nostalgia,

la gente que no conocía también sacó sus celulares a lo mismo.

Quise decirles a algunos que tuvieran cuidado

con que saliera detrás, en el fondo de sus memorias.

Tranqui, ya me enteré del peo, me contó no-sé-quién.

Y los extraños abandonaron sus jodas para acercarse, preguntar,

apoyarme, llenar mis oídos de cera.

Dejaron sus pieles donde sus tragos y fueron pericos,

gavilanes, frutas criollas.

Me encerré en el baño, revisé WhatsApp:

huye cuando puedas líder, el último mensaje. Saqué la tarjeta SIM

de mi iPhone.

Supe cuál era mi suerte.

Abuelo mío, no pude despedirme de ti. Luego de borrar evidencia

de mis hábitos, la pipa, la moña

—además de terrorista, marihuano, los noticieros en mis fatales fantasías—,

abrí la puerta del baño.

Las burbujas ocultaban las tetas estiradas por Aldactone.

Tus ojos ni siquiera voltearon hacia mí,

cantabas desde mis células.

Y esa voz enflautada, las sílabas largas como arterias, profanó

la tumba

donde enterré las sinvergüenzuras que me enseñaste.

¿Recuerdas el relato, tú de dieciséis, sobre las putas y César Augusto,

la persuasión fracasada ante la falta de dinero

—de qué me sirve el tamaño de tu pene, lo pico para alimentar a mis carajitos,

respondieron? ¿Recuerdas su muerte posterior,

la masacre de los cristianos por los vendepatrias en Nuevo Circo,

la violencia que silenció la democracia?

¿Recuerdas también, yo ya aquí, después de que el vecino se volara

la cara con un balazo,

que su madre se metió para robar tu medicina

—acaso creen que nuestra sangre es azul, dijiste contra la justicia,

no saben que es venir de la peor de las miserias?

El televisor ahogaba tus aburrimientos en la tarde,

el discurso del tirano que me tiene corriendo

transaba con tus arrugas.

Nunca supimos el origen de tu rochela, La Cañada, Maracaibo,

tal vez el Caserío Corao.

Y no puedo saber el destino

que me espera, desespero. Me trago las humaredas

que brotan de mis ojos

para no chocar el carro.

Doy gracias al suelo por hundirme sin que vieras.

III.

1. Barquisimeto significa *río turbio* en la lengua jirajara. Una vez intenté flirtear con alguien en Roma con esas mismas palabras, explicaba de dónde vengo. Mis amigos se burlaron de mí.

2. *Nueva Segovia de Barquisimeto, capital musical de Venezuela, ciudad pujante, progresista, de gente amable que abre sus brazos y su corazón a todo aquel que desee trabajar y vivir mejor. Paraíso de bondades que nos brinda la madre Tierra con su fertilidad inefable,* José Mariano Navarro Mar.

3. Llegué de noche. Los huecos en la Autopista Centro Occidental inspiraban mi intestino grueso, fueron las sirenas de vieja data. Mis oídos, cada ligamento de mis extremidades se prepararon. Nada de ponerse lindos, ninguna amiga con llamadas perdidas: cuando la paranoia se vuelve el paraíso, la fe fagocita los miedos a morir. Equis: cruz que descansa: cruz que nos hincha de culpa. El tráfico me detuvo, giré mi cara a la derecha. La Divina Pastora, su versión cinética, brillaba ante la ausencia de faroles. Estuve muy irritado. También estuve en paz.

4. *Un barquisimetano puede creerse ateo, pero cree en la Divina Pastora. Más que una devoción religiosa, se trata para los larenses en general de un nexo irrenunciable con la tierra, sus paisajes y su gente, una suerte de astilla genética que el lugareño jamás podrá sacarse de la piel,* Salvador Garmendia.

5. Renegué de mi interioridad y mi primera parada fue cristalina. La carpa de los malabares cuando niño, donde los adolescentes domaban tigres: el Country Club de Barquisimeto. Llevaba varios días tropezándome, tocaban superficies suaves. *Un Frangelico*, me pedí después de estacionarme, no pensé que el freno se quedaría quieto. Sé que estoy abusando de los tropos: estuve cagado por horas, me encontré donde toda la vida, fui para la sala de mi infancia predilecta, protegida. Para mí, venir para acá de chamo correspondía con la naturaleza. Pa' mí, venir para acá a mis dieciséis era demostrar el favor del azar, pelar el saco y la corbata con orgullo, saber que tengo lugar en el tiempo. Pero Caracas destruyó mis destrezas: después de pasearme entre los apellidos extranjeros, las molestias que no son molestias, el espacio de mismo nombre que deja a mis memorias en puntillas contra la pared por llegar tarde, supe que el pasado fue paja. Grama, flores, aquello que volvemos mierda cuando recogemos lo que sea mientras ansiamos el ascensor. Pelo mucho más bolas de lo que jamás imaginé cuando chamo. Pelo mis bolas, fui para lijar la redondez que me crió; me di cuenta, dándole duro en la Católica, que soy un cero a la izquierda. La capital contiene cifras hasta de tres dígitos que me esconden sin querer. Me fui, me fui. Coincidí con este pana, *super random*, Evencio. Me preguntó cómo van las vainas en Caracas, el peo de Caracas, las caras sin acné de Caracas. Le dije que todo bien, igual a sus imaginaciones, jamás entendería la bulla que me escavilla. Jamás entendería la diferencia de la mudanza. Jamás entendería mi condescendencia, *je suis un con*, aquí caí por el peligro. Rasguño mis venas: ¿el riesgo se traduce cómo para quien se encierra dentro del olvido?

6. Pequeña, la mantuve pequeña. *Small talk was small.* En este país de grandiosidades, de mentiras gordas, digo la verdad bajo la lupa del microscopio. No sé si mi timidez supera la antipatía: no sé si me cuesta hablar de mí de vez en cuando, o si demasiadas personas en este globo son el aburrimiento, su descripción. Me diferencio de Evencio tajantemente; vale, me diferencié. Conversar con él fue conversar con dos: el tartamudeo que seguramente ignora, la contingencia que pude ser y no fui. Para quienes hemos sido privilegiados, en el interior o Caracas, las palabras huecas son comunes. Lamentablemente comunes. *Educación, meritocracia, movilidad social*: he entendido en mis formación como sociólogo que estos conceptos, estas metas, estos modelos, a pesar de promoverse tanto por el mundo, suelen ser tan abstractos o tan ideales que son inmedibles. Algunos países hasta los usan como consigna; digo, justifican sus injusticias al tenerlos como consigna. Venezuela fue excepción al tomarse en serio tales palabras en el siglo que perdió mi generación –al pronunciarlas, escuchar su ritmo, y no repetirlas una y otra vez en el cuaderno de caligrafía. Sobre la cima no filosofan, como si nada, los blancos que heredaron el trabajo robado, las tierras robadas. Los ricos de Barquisimeto, de Caracas, no son de toda la vida: sus padres o sus abuelos estaban regados por el terruño, o fuera de sus fronteras. Ojo, tampoco es que saben muy bien en contraste con los golosos del Norte: son los más delectables en una tierra sin papillas, los menos repulsivos. Los menos pobres de los pobres, claro, raspado. Pero lograron acumular alguito, dar fe de sus básicas pasiones y mirarse en el espejo vanidosamente echándole bolas, pichón, un camión. ¡Hicieron algo, coño, se definieron por sus acciones! ¡Eran creyentes, pero fueron existencialistas, Antoine Roquentin ni

se compara! Se calaron la náusea que el petróleo causa, se calaron sus mareos modernizantes, inventaron, ¡hicieron algo! Pero toparme con Evencio tornó los signos en imprecación. El pana, ya crecido, no sabía por qué está dónde está. No sabía que se vive más allá de la Av. Lara. No sabía que los ejércitos que masacraba a balazos en *Call of Duty* existieron, existían. Le resumí mi situación y respondió, *Padre, todo tranqui, eso se resuelve.* Puñal de doble filo: *would I have become this self-entitled, blissfully ignorant prick if I had stayed & would it have mattered if I had done something different once I left.* Disipé estas preguntas, el encuentro, su sinsabor al estacionar donde Clementina, mi tía. Allí pasé la noche. La vieja casa de Sigala Anzola, padre de mi padre, razón de mis privilegios.

7. *Tal vez no haya otra ciudad que, nacida de un conjunto de carencias y negaciones, haya alcanzado pareja importancia entre las poblaciones de Venezuela. Lo cual quiere decir que lo que esta ciudad signifique se lo debe a sus gentes actuales y presentes: no es un regalo de la naturaleza, como para Herodoto lo era Egipto del Nilo. Ni tampoco de la historia, porque la mejor historia de Barquisimeto no es la de un pasado heróico e irrepetible, sino de un presente no menos tal. Esto tal vez suene un poco abstracto, pero se puede explicar. En 1950, se dijo oficialmente que Lara era el único estado del país que no dependía del petróleo,* Manuel Caballero.

8. Mis padres eran una dupla, a primera vista, tradicional. Él, a la fábrica todos los días; ella, a rezar y regañar y hacer ejercicio. Pero la situación era, como siempre, más compleja: a veces mi papá llegaba tarde sin explicaciones, las oraciones de mi madre eran en otra lengua, nunca los vi besarse en la boca. Terminaron por divorciarse, mi madre se fue para Nueva Jersey. Precursora, sí, de la diáspora que me movía

hacia la arena. No pensé en el tema mucho cuando pasó, la adolescencia me tenía jodido; tal vez esa confluencia motivó que cambiara Animax y los *catchphrases* de mis personajes favoritos de *Naruto* por juegos de palabras para jugar con los perdedores del cole. Tal vez dejé de pensar un tiempo por eso, *my body was as numb as my teeth*. Entonces yo, de camisa beige, venía a la casa de Sigala Anzola al salir de clases. Papá nunca fue quien me buscó, tenía que trabajar en la fábrica, salía después de que el colegio cerrara. Total, ahí mismo quedaba la quinta del abuelo, donde vivía Clementina con mis primos. Jugábamos *FIFA* toda la tarde-noche; no me encantaba la cosa de caerse a golazos, de dárselas de jugador estrella, pero todos los niños estaban obsesionados con el juego, y yo quería por un instante ser normal. Ahora más que nunca lo quisiera. Me desvío: solo quedaban las huellas de mis compañeros de juego, le conté entonces a mi tía la razón de mi visita, que posiblemente no nos veríamos de nuevo. Fue la primera vez que conversamos por más de cinco minutos. Fue la primera vez que escuché muestras de fe en sus labios: *mijo, que la Virgen te acompañe*. Como siempre, mi padre me pedía paciencia. Me eché en la cama del cuarto de servicio, cerré los ojos, miré la vaciedad que heredé toda la madrugada.

9. *Como decía Hermann Garmendia, con su sarcasmo guaro y malicioso, la Divina Pastora es como los partidos políticos: cuando están en el gobierno no hacen nada, pero la gente sigue votando por éllos. Nadie que se sepa ha visto los milagros de la Divina Pastora, pero la gente sigue creyendo en ella. Sólo que los milagros de la Divina Pastora existieron y seguramente siguen existiendo, porque el milagro es consecuencia de la fe, y la fe es inextinguible precisamente porque no necesita de demostraciones materiales*, Salvador Garmendia.

10. ¿Y si me hubiera dedicado a la música, como solía soñarlo de chamo? ¿Y si en vez de picarme a los trece por no ser aceptado al conservatorio, hubiera insistido en que me tuvieran? ¿Y si en vez de entristecerme por no poder tocar piano profesionalmente, hubiera aceptado que mi tía Rosario conversara con el maestro Abreu para que me dieran una oportunidad? ¿Y si me hubiera cambiado al violoncello para que, entonces sí, me hubiesen aceptado? ¿Y si hubiera dejado de asistir a mis clases para entregarme a la orquesta, en vez de entregarme al paveo y los deportes que delataban mi tedio? ¿Y si le hubiera, más bien, metido cabeza y corazón a la banda que tenía con Víctor *–quiero que sepas que ya no soy un niño / que fumo marihuana y me acuesto con tu hermana*, coreábamos cual grupo pop punk en el Búnker del Este? ¿Y si hubiera escuchado más mis grabaciones y no los *pick-up lines* en el patio de recreo? ¿Y si hubiera abandonado mi comprensión posterior del mundo, mi desdén hacia lo básico, mi ímpetu por desvelar injusticias, mis ganas de crecer por encima de mi talla, y me hubiese volteado a la compresión de mis melodías interiores?

11. Llegó papá. Le dije que sería bueno movernos, que estar en el mismo lugar mucho tiempo nos quitaba tiempo. *De acuerdo*, mandibuleó. La decisión fue sencilla: nos iríamos a El Manzano mientras organizábamos la partida a la frontera, seguíamos en días de semana, la gente estaba *busy*. Allá en la montaña, a treinta minutos de la supuesta ciudad, en la casa de veraneo sería raro que me buscaran, además, la casa está a nombre de una fundación que no existe. En camino, pasamos por la fábrica de cocuy, mi destino, mi ironía. Por

más que los ahorros de la familia Sigala fueran consecuencia del alcoholismo del centro-occidente de Venezuela, mi hígado flaqueaba –flaquea hasta nuestros días, una birra basta para bajar las estrellas un poquito. Solo nos llevamos un par de huecos en el camino, ningún caucho que cambiar. Al llegar, me lancé en la piscina; mi padre me dejó para seguir con sus deberes, apenas los espíritus del pueblo me verían en pelotas nadando. Cuando me di por listo, salí y me sequé mientras el agua absorbía mis iris. En la laguna artificial, vi el adiós de las espigas. Quise explorar los estantes, el polvo. Y conseguí en la sala principal un libro que sellaba mis tradiciones, las de mi pueblo, las de este espacio que no pudo pacificarme. *Así es Barquisimeto*, publicado por Soledad Mendoza. Pasé las páginas y pasé de largo fotografías y esculturas y edificios que ya no son. Pasé las páginas y pisé con mi pulgar el apellido.

12. *¿Quién en Venezuela no conoce el cocuy Ayamán? El famoso aguardiente destilado, estilo aquavit, empieza a producirse en Barquisimeto en 1935, cuando Don Exequiel María Crespo muda a ésta su alambique de la zona situada en la vía hacia Carora. En 1945, la Destilería "Caquetío" del Sr. Crespo es adquirida por Juan Emilio Sigala Anzola, su actual presidente, y en 1956, luego de su ampliación y traslado a su dirección de hoy, comienza a denominarse Destilería "El Ayamán." Estos nombres son un homenaje a esas dos tribus que poblaban la región en la época prehispánica. La continua modernización y mejoras de las instalaciones, aunado al esfuerzo de sus directivos, reafirman la condición de Destilería "El Ayamán" como líder en la producción, comercialización y distribución del aguardiente de cocuy,* leí. Revisé la fecha de publicación: 1994. Más de veinte años después, tras impuestos y controles y el chavismo riéndose en nuestras caras, en la sed de sus propios electores, ¿se escribiría tan orgullosamente sobre esta empresa?

13. En todo caso, y esto es particularmente verdad de Barquisimeto, no ha dependido su vida de un azar de la naturaleza. Y siendo Barquisimeto la única ciudad venezolana que no tiene su héroe particular, tampoco desciende ni depende de la historia. A Barquisimeto no la han ayudado esas cosas que hacen más fácil a otros pueblos la vida y su recuerdo: ni naturaleza, ni historia, ni refundación literaria, Manuel Caballero.

14. Tú naciste súper asustado como yo, Emilio, ¿cómo lo superaste?, me preguntó papá. No recuerdo que le respondí. No recuerdo, si soy honesto, de qué conversamos las pocas veces que se intentó sepultar el silencio de ese viaje de diez horas. *Me da miedo que nos volvamos extraños,* confesó poco antes de alcanzar la frontera. Por más que quisiera haberle respondido que su temor no tenía fundación, el insomnio se despidió de mis ojeras y mi garganta seca. Le puse mi mano sobre el hombro, después me babeé entre ronquidos.

IV.

Una reverencia. Dos reverencias. Aplauso, plauso, lauso. Me siento. Se sienta. A mis lados, el mismo proceso. Lo que viene: los ojos cerrados, las palmas juntas, enjutas. Lo que viene: la mano otra sobre mi cabeza, los dedos extendidos, invisible es el remedio que brota hacia mis dolencias. Lo que concluye: dar las gracias, caminar sin voltearse. El altar es el ojo del respeto.

ごくびじっそうげんげんしかい

たかあまはらにかむたまひもえいでます

かむろぎかむろみのみちからもちて

ばんせいとひとのみおやかむあまつすのまひかりおおみかみ

はらいどのおおかむたち

もろもろのさかごとたまひのつつみきがれをば

まひかりもてはらひきよめみそぎたまいて

かみのこのちからよみがえらせたまえと

もおすことのよしを

かしこみかしこみもまおす

Vacío. Vacío. Vacío. Todo va a salir bien. Debo recibir la luz con paciencia. Debo olvidar el dominio del color. Debo pagar las empanadas que me brindaron en la cantina anteayer. Raíz, cordón, me distraigo. Repaso las memorias contra mi calma. Rabia. Rasantes las olas. Abajo con ella, abajo con ellas. Abajo con el imbécil que me chocó mientras aprendía a manejar. Apenado, furibundo, rencoroso. Pausa. No. Corrige la postura, amonesta la joroba. Busco la salud: el temblor es distracción y dulce. Busco la armonía, soy vegetal y fauna, digiero las bonanzas de mi cuerpo. Busco prosperidad, espero que el futuro me sonría, sé que reirá conmigo, lo sé, lo sé. Vacío. Oscuridad.

Oscuridad emblanquecente. Soy el heredero del herrero, los útiles están dentro de mí, construyo mansiones sin moverme. Sí, construyo mi mansión. Una sala con el piano de cola correspondiente, el tocadiscos para que entonen las flores de chupa chupa. Las orquídeas fuera del frasco, mi jardín es su reino, su zoo. La verdad, no necesito mucho, sobrarán vigas y concreto. No necesito mucho, mis pensamientos, estos noemas. Echa pa' atrás, cámara lúcida. Silencio, viaja conmigo, no me dejes divagar. Silencio, cállame cual profesor durante el himno nacional en las mañanas. No me dejes caer en tonterías. O déjame caer donde no me escucho. Vacío, verdad, vitrina. Puedo verme más allá de mis membranas, el sudor contradice el aire acondicionado, tiemblo cómodamente. Súbitamente veo más allá de mi tiempo, corro, me quedo sin aire, las nubes que bloquean las balas tienen un tinte distinto. Debo ser más astuto que esto. Debo ser bondadoso con el destino. Debo sobrevivir hasta las suertes. Ahora. Nada. Ahora.

みおやもとすまひかりおおみかみ

まもりたまえさきはえたまえ

みおやもとすまひかりおおみかみ

まもりたまえさきはえたまえ

Paleta, doy paleta. Naguará, mi interior es verdor y pasto. No necesito plata. No celo a nadie. Carmín es el cielo, fucsia es la tierra. Aguanto la respiración en la piscina azulona. Me lavo de muertos entre brazadas. Azafrán es el olor del excremento. Nuestra piel es chicle y condimento.

かんながらたまひちはいませ

かんながらたまひちはいませ

Debajo de las estrellas, las líneas que fragmentan tu mirada son brochazos que embellecen, pero que engañan. Cuando bailas con ellas, cuando las llamas sin peso te muestran cómo quemar, aprendes a apreciar lo borroso, la mancha que no coge calma, la ausencia de tanto, las confusión.

おしずまり

おしずまり

おしずまり

Abro los ojos. Miro la miasma claramente. El después no me pertenece, es una apuesta pasmada.

V.

–Chamo, ¿todo bien? ¿Estás hablando japonés?

–*Es verdad; pues reprimamos esta fiera condición.*

–Una pesadilla, supongo. No pareces de los que van en autobús.
¿Qué te trajo pa' Cúcuta? ¿Por qué vas pa' Bogotá?

–*Esta furia, esta ambición por si alguna vez soñamos.*

–Así nos vamos los venecos, llenos de rabia. Sabía que eras de los
míos, imposible no tragarse las jotas. ¿Crees que vayamos a perder el
acento de tanta gente yéndose?

–*Y sí haremos, pues estamos en mundo tan singular, que el vivir sólo es soñar.*

–Qué deprimente esa vaina. Aunque bueno, la experiencia me
enseña que la gente muchas veces se queda pegada con lo que cree,
sin importar cuántos coñazos lleve. He visto cosas feas. He hecho
cosas feas.

–*Y la experiencia me enseña que el hombre que vive sueña lo que es hasta el
despertar.*

–¿Tú dices? Yo trabajaba con el SEBIN, chamo –dice entre risas–,
¡el FBI venezolano, pues! Y después fui guardaespaldas, eso fue más
loco todavía. Te lo juro que no soñé las vainas que viví.

–*Sueña el rey que es rey, y vive con este engaño mandando, disponiendo y
gobernando.*

–Chamo, te cuento que el tipo con quien trabajaba soñaba así,
que era rey. ¡Pero rey malandro! Tú lo veías y típico portu, con
su panadería, todo tranquilo. Bueno, su panadería fresa; por eso,
guardaespaldas. De repente el carajo se las daba de que quería
rumbear pa' San Agustín, con el pueblo-pueblo, tú sabes, como
dicen ellos. Y además, se agarraba a puños con gente siempre.
Entonces uno lo acompañaba pa' que no saliera jodido. Se las
soñaba bastante.

—Y este aplauso que recibe prestado, en el viento escribe, y en cenizas le convierte la muerte.

—Ceniza eres y en ceniza te convertirás. ¿O era *polvo*? Por ahí va la cosa, un recuerdo de mi iglesia.

—¡Desdicha fuerte!

—Desdichados somos nosotros. Nos creemos los reyes del mundo, pero parece que somos una plaga. Hasta nos jodemos a nosotros mismos, es más, somos los que más jodemos. Con todo y eso, le echamos bolas, nadie puede decir que no. Seguimos tratando de coronar —entre risas, de nuevo.

—¡Que hay quien intente reinar, viendo que ha despertar en el sueño de la muerte!

—Así es. Así somos. Los soñadores. Nos matan, matamos y nos cagamos en la muerte.

—Sueña el rico en su riqueza que más cuidados les ofrece.

—Será bien interesante lo que sueñe el presidente. Si es que sueña —dice en voz baja.

—Sueña el pobre que padece su miseria y su pobreza.

—Chamo, cuidado, pilas con esa. No sé si te la compro. Yo estaba mucho mejor ya, pero nunca dejé de considerarme pobre. Tú no sabes de dónde soy ni cuál es mi vida. Que sueñan los pobres, claro, ¡con angelitos que no son rubios! Con apartamentos y quintas, esas palabras que no se les parecen. Hay que saber diferenciar.

—Sueña el que a medrar empieza, sueña el que afana y pretende, sueña el que agravia y ofende.

—Si son ignorantes, como bebés. Si saben el mal que hacen, lo que tienen es pesadillas.

—Y en el mundo, en conclusión, todos sueñan lo que son, aunque ninguno lo entiende.

—Yo no sé si dejaste de hablar japonés en algún momento. No entiendo un coño, pero que me pones a pensar, me pones a pensar.

—Yo sueño que estoy aquí destas prisiones cargado, y soñé que en otro estado más lisonjero me vi.

—Chamo, sé que el viaje en bus no es lo más cómodo, pero no da pa' decir que es una prisión. Si tienes a algún ser querido allá en Venezuela en una de esas, sabes que te estás yendo. Los días que estuve por El Helicoide fueron bien pensados. Hay que saber valorar la vida.

—*¿Qué es la vida? Un frenesí.*

—Como la canción de Felipe Pirela. Coño, ¡seguro ni sabes quién es! ¡Se me cayó la cédula!

—*¿Qué es la vida? Una ilusión, una sombra, una ficción.*

—Ajá, ¿con qué se come eso? ¿Y entonces?

—*Y el mayor bien es pequeño; que toda la vida es sueño, y los sueños, sueños son.*

VI.

Es martes, ya pasaron las cinco, se puede entrar gratis al MET. En la cola, nuestro protagonista. Pasó bastante frío bajo la nieve, Emilio, pero moneda que se embolsilla, moneda que no es astilla. Las expectativas seducen la rabia, aunque se toman su tiempo: *no puedo creerme que este huevón me dejó tantos minutos abajo, odio montar bici, maldita sea,* se decía al darse cuenta que jamás, Uber Eats ni de vaina. *He recently got evicted from his mom's place,* la razón del destino; resolvió la habitación en los Washington Heights, al norte-norte-norte. Se esperaba más apoyo de quienes financiaban sus clases, el esfuerzo por empoderar, el deseo de cambiar las cosas: al parecer, tras huir sin terminar su último semestre, sin graduarse, es un activista sin tierra para actuar. Y no cumple el perfil para ayudarnos aquí. Y le deseamos la mejor de las suertes, muy bien, salió vivo del rollo.

Sin embargo, nuestro protagonista resiste. No sabe muy bien qué, pero sabe que es pesado, que patea su columna. Está convencido de que el arte es para no estar solo, para compartir. Es la música que reemplaza las palabras cuando se quedan cortas. Es una confesión silenciosa. Siente que cuando ves un cuadro, alguien te está diciendo un secreto –quizás, algo que no diría en público. Necesitado de conversaciones corazonadas, agradece que está bajo techo ya, que pronto le darán su boleto.

*

*   *

Antes de llegar a Nueva York, Emilio pensaba que el trabajo te encaminaba a la trascendencia. Las alabanzas a Andrés Bello dentro de su universidad, su símbolo, lo convencieron a la par de los estudios de sociología. Lo magistral de la ambición es que la amistad es su bioma: para dejar una huella en el mundo, hay que dejar una huella en los demás, y la marca solo cicatriza si parte del bien. Del buen uso del poder. Pareciera que entre sus aulas se enseñaba un decimoprimer mandamiento: *De cada cual según sus capacidades, a cada cual según sus necesidades.*

    Pero esta visión particular del trabajo, es onda desde otra perspectiva: cosa poco sólida, algo que nos atraviesa sin que nos demos cuenta. Cuando nadie quiere mirar tus capacidades, solo queda necesidad. Y ante la necesidad, una referencia poco popular taladra la cabeza de Emilio constantemente. Adam Smith estaba claro: *The real price of every thing, what every thing really costs to the man who wants to acquire it, is the toil and trouble of acquiring it.* Estos sustantivos que comienzan con la misma consonante, se emparentan mejor con su cansancio.

    En su trayecto, se topa con el Templo de Dendur. Y las preguntas sobre la labor consiguen un ancla, se expanden sobre la tierra de sus sesos. ¿Pensaban en su trascendencia quienes construyeron este edificio? ¿Dónde están sus nombres? ¿Por qué el gobierno de Egipto, siglos después, decidió regalarlo a los Estados Unidos —tal como lo afirman las paredes del museo? ¿Qué *trouble*, qué *toil* estuvo detrás de estas transacciones —la de dos gobiernos con vergüenzas asimétricas, la de tiempos arenosos con aquellos industriales?

El Templo de Dendur, 10 B.C.

*
*   *

Solía frustrarse con los profesores, normalmente bigotudos, trataban de nivelarse con sus alumnos al decir que eran, no que fueron, estudiantes también: *uno nunca deja de estudiar, todos aprendemos cosas nuevas cada día.* Por alguna razón, el comentario le caía como *dad joke*, un intento fallido de empatizar. El título de *estudiante* –sobre todo como heredero de las Manos Blancas, los chamos cuyas leyendas de haber derrotado a Chávez trascendían sus verdaderos logros; sobre todo en un país donde es común que los instructores, condescendencia palpable de por medio, hagan énfasis en su autoridad– se le hacía tan estricto.

Pero, ahora que se quedó con un semestre sin terminar, Emilio no deja de preguntarse qué *es* estudiar. ¿Es identificar, abrir dimensiones? Pasea por el Ala Americana, atraviesa la Colección Robert Lehman, sus dedos sobre la barbilla cuando lee las descripciones de los cuadros: ¿es abrir las pestañas detrás del ojo, asombrarse por aquello que suele pasar desapercibido? ¿Es, acaso sencillamente, querer el mundo?

Como que sí, dice Emilio después de volver a la sala central del museo, después de mear en el baño, después de verse en el espejo ruborizado, *uno nunca deja de ser estudiante.*

*
*   *

Nuestro pana retoma su trayecto: toca revisar el lado oeste del MET. Aunque son tantas las figuras que se parecen a lo que ves en las comiquitas cuando mencionan el arte griego, le llama la atención una que supera –¿o dista bastante de?– sus expectativas. Habla solo de nuevo, se responde las preguntas que estuvieron en su cabeza hace poco: *estudiar es dudar.*

Estatua de mármol de una mujer vieja, A.D. 14-68

Se trata de la *Estatua de mármol de una mujer vieja*. Su piel está arrugada, su postura delata mala salud, los siglos le eliminaron su nariz y uno de sus brazos. Definitivamente, elude lo que define la mayoría de la sección: simetría, gloria.

¿Quién es esta mujer que les grita a los visitantes del museo? ¿Qué historia vino a contar el mármol? A Emilio se le ocurre que tal vez está cansada y necesitada de ayuda, la vena que resalta en su bíceps izquierdo podría ser evidencia. Bien es una anciana, pero no pareciera aludir a la maternidad, a ninguna faceta de lo femenino. Puede que sea una mujer independiente, no comparte eso de *damisel in distress*. Observa sus vestimentas, su textura satinada, tal vez tenía dinero. Tal vez, influencia. Pero si fuera poderosa, ¿no llevaría alguien más sus compras?

La descripción que el museo ofrece le parece siniestra. También se lo conoce como *The Old Market Woman* y se dirige a un festival dionisíaco. Según lee, su corona es de hiedra, lo cual la asocia al dios del vino. Esto lo pasma: ¿cómo que se encaminaba a rumbear? ¿Cómo así, con ese cuerpo torcido, esa mirada cuitada, esa piel afectada por psoriasis? Acaso nos enseña que, como ocurre con los fanes de la coca y la política, el poder es doloroso. Acaso voló muy cerca del sol *–como yo*, supone Emilio–, mas insiste en engrapar las alas.

Huérfana de su cultura, aparenta la mujer. Huérfana de la sociedad y los ideales que simbolizan sus vecinos. Cuando concluye esto, nuestro protagonista nota su reflejo: huérfano de Venezuela, de la Antigüedad cuyos autores ha leído. Pero no puede negar que es *veneco*; como *latino*, parte del escupitajo griego. Lo sabe bien: hereda lenguaje, virtudes y crueldades de hechos que no decidió. Hace tanto que la generación espontánea se desacreditó.

Sir, could you please step back, un mandato disfrazado de pregunta. La guardia lo pilló muy infatuado. Pide disculpas, sigue su camino. Y las cuestiones sobre la cultura lo confunden.

*

*   *

Sobre todo lo confunden cuando pasa al Ala Michael C. Rockefeller, donde se yerguen estatuillas y otros artefactos precolombinos. Se le hacen tan diferentes, tan desconocidos; una suerte de culpa lo conquista. Recuerda que en una clase en Caracas, un profesor le dijo que leyera a José Antonio Marina. La lección era demostrar que ciertas culturas son superiores a otras –orgullosamente, muy conservador el profe: *qué vamos a ser nosotros indios,* repetía. Le pareció sensata la lectura, al menos entonces. Le pareció *racional.*

La cultura es el fundamento de la identidad, el núcleo de la personalidad, una entidad que está por encima de los individuos, el criterio de evaluación de todo lo demás, incluidos los sistemas normativos, escribe Marina. *Mentar una cultura es como mentar a la madre.* Pero también afirma –*and this is his point*– lo siguiente:

Enfocar las culturas como solución a problemas, nos permite comparar la bondad de esas soluciones. Pondré algunos ejemplos. La máxima creación social del ser humano ha sido el lenguaje. Fue el largo, minucioso, tanteante trabajo de millones de personas que inventaron y pulieron tan genial herramienta. Dicen los antropólogos que los nativos del desierto de Kalahari, que se limitan a recoger alimentos y a cazar, poseen un vocabulario de aproximadamente ochenta palabras, y que su sistema de comunicación se apoya tanto en posturas y gesticulaciones que tienen dificultad para comunicarse en la oscuridad. Las palabras no se han independizado del contexto práctico. No hace falta ser etnocéntrico para afirmar que este lenguaje –es decir, esta creación de la inteligencia colectiva– es inferior a los lenguajes más evolucionados, porque limita las posibilidades de comunicación y de pensamiento. Dos grandes psicólogos, Vygotski y Luria, estudiaron algunas tribus del sur de Rusia y comprobaron que eran incapaces de pensamiento abstracto. Su cultura –es decir, su inteligencia colectiva frenó el desarrollo de su inteligencia individual.

Ante esas palabras, el complejo de inferioridad colectivo con el que se crió tenía sentido. Claro que somos una plaga, claro que nuestra tierra, nuestras artes están bien por debajo. Claro que debemos seguir el ejemplo que Caracas no dio, la modernidad extranjera, los logros del latín sin América. Pilla, mira los problemas que siguen ahí, propagándose. Qué vamos a hacer, exacto, buscando respuestas en ayeres indígenas.

Pero, ¿con qué riqueza se edificaron los países europeos después de la Conquista? ¿Cuánta comida, cuánta materia cedieron nuestros antepasados originarios? *¿cedieron*, en efecto, lo suyo? ¿A cambio de qué? El trabajo mal pagado de Emilio, la situación de tantos *ilegales* en los Estados Unidos o la Península Ibérica, ¿tienen importancia al pensar en su progreso? La cosa no lo convence tanto ya.

Mentar una cultura es como mentar la madre, eso le queda. Y mentar sin saber a quién insultamos, es como elegir sin saber qué decidimos. Una proyección de nuestras inseguridades.

Emilio quisiera, ahora más que nunca, comer unos tequeños.

Emilio siente pena por sentir pena por eso.

*

* *

Tras ojear varios objetos que, a su pesar, no le inspiraron mucho, nuestro protagonista se topa con una máscara mortuoria. Viene de Valle del Cauca —lejos de su patria, diría él, los entendidos —¿o los alienígenas?— dirían que más bien cerca. No comprendo…, digo, no comprende por qué le susurra a los oídos. Una máscara funeraria suele tener un semblante calmo, *if not, a somewhat smug smile*, como si el cadáver que oculta supiera que él después le rezaría. Por lo menos, el arte egipcio que recién enfrentó, los libros de textos de bachillerato, lo persuadieron de eso. De pronto, la nostalgia como bombillo, cariño por las aulas en Montalbán: *uno nunca deja de estudiar.*

Máscara funeraria, 5-1 B.C.

La descripción detalla cómo se fabricó, por qué el oro como substancia, cuán común era. Pero no sale nada sobre su *uso* o lo que podría *representar*. Apenas infiere Emilio, como quienquiera que viese el artefacto, que quienes lo tallaron, creían en la vida después de la muerte. El paraíso, el Reino de Dios, la inmortalidad del alma.

Durante sus primeros años en la capital, antes de mudarse con sus abuelos, Emilio vivió en el Centro Universitario Los Robles. Una residencia estudiantil solo de varones, donde tenían hora de llegada, donde todos venían del interior: un lujo siquiera fantasear con el concepto del Norte del *dorm*. Había tertulias después de todas las cenas; entonces, las autoridades intentaban enseñarles valores y les preguntaban sobre sus frustraciones. Un equipo de mujeres les preparaban la cena y les lavaban la ropa, aunque nunca las veían; alguien del otro sexo no podía pisar el recinto sino por motivos y en tiempos concretos, como esta labor o ciertas celebraciones, puntuales. Algunas veces, el director hacía cineforos: pausaba escenas para transparentar sus moralejas, se saltaba aquellos en que se escondía la ropa. No era un espacio para aprender a ser adulto, era un espacio para aprender a apreciar a María. Era un espacio del Opus Dei.

Pasé de una secta a otra, de rezar en japonés a rezar en latín, me dijo jocosamente años después. Al principio, le resultaron nobles los mensajes que se promovían allí. Pero después de las barreras y los regaños por querer llegar tarde, por querer salir temprano; después de entender el perfil que se quería construir o se buscaba —si te atrevías a mencionar el nombre de Nietzsche, ni de vaina te renovaban el alojamiento para el próximo semestre—, *santificar el trabajo de cada día* le sonaba más y más a decreto, bajar la cabeza y repetir y agradecer. Obedecer y apreciarlo, pues. Además, quienes tenían que vivir allí venían de cierta comodidad; tal vez en Caracas no brillaban, pero la minería se les era foránea. ¡Qué fácil obedecer así, con un futuro tal vez triste, probablemente triste, pero seguro!

La verdad es que en el hoy, el concepto del alma le parece estupidísimo. ¿Qué esencia podemos tener cuando somos tan distintos al ayer –Emilio, por ejemplo, no se reconoce en sus fotos de Facebook? ¿Qué misión paradisíaca hay detrás de quienes disparan misiles? Lo que existe es una memoria, un tránsito perpetuo. Como una bola de nieve, se expande mientras baja por la colina, tapa lo que la catapultó mientras mira adelante sin frenar. Al menos hasta dar en la mar.

La verdad que es tan jodido todo. Tal vez, por eso, tan jodidamente hermoso.

*

*　　*

En alguna ocasión, Emilio se interesó por el pueblo yanomamo, sus historias y cultivos. De las etnias indígenas sobre las que le enseñaron rasantemente de chamo, fue la del nombre más pegajoso. Quedó fascinado por días y días cuando descubrió lo que llaman *endocanibalismo –rehao*, para los yanomami–, su versión sofisticada del horror.

Cuando muere el miembro de un *shabono*, los conucos-hogares en los que viven las distintas familias de la comunidad, destruyen sus pertenencias, se quema su cadáver, trituran sus huesos y se les invita a los vecinos y parientes al ritual como tal. Entonces, tras bailar y beber y esnifar yopo, se vierten las cenizas del difunto, se mezclan y finalmente, se ingieren por los presentes. Escribe Jacquez Lizot en el artículo que leyó tantas veces Emilio que de tal forma, *consumiendo las cenizas de los muertos, los vivos los asimilan a ellos, y es a través del rito funerario, que la sociedad se perpetúa.*

Ironía, canta a la manera del llanero Rondón nuestro protagonista cuando laza, por acto reflejo, la reflexión indigenista con los recuerdos catoliqueros. Tantas veces le dijeron junto con los otros residentes que se cuidara del espiritismo, la santería, la *brujería* de quienes habitan en las selvas. Invitaban la ridiculización de sus creencias pues eran cosa primitiva, sin lógica ante los ojos de Cristo. Como si no fueran sepulcralmente serios al insistir en la transubstanciación, que el pan de la comunión era literalmente el cuerpo del mesías. A ver, ¿no es eso canibalismo también?

Ahora que lo piensa, luego de recorrer la sala, ninguna creación venezolana se cuenta dentro de esta colección de pueblos originarios.

Mentar una cultura es como mentar a la madre.

*
*   *

Chao-pescao'. Ojalá Wallace, el *landlord* de Emilio, no 'te cortando pelo en el apartamento. Suele hacerlo los primeros días de la semana, nunca sabe desde cuándo y hasta cuándo, es arbitrario. No se puede quejar, de vaina consiguió dónde quedarse *last minute*. Está anonadado tras el recorrido: necesita silencio, calma, tiempo para tragarse el de los demás. La vida vieja fue devorada por los pigmentos. La nueva vida aguarda.

Viaje a las regiones equinocciales del nuevo continente

(poema en prosa)

Vladimir Maiakovski in memoriam

Escribe con decencia quien no controla sus dedos, quien no sabe callar, quien se sabe esclavo del presente y por eso afila las cadenas. Arthur Rimbaud, Jim Morrison, Alejandra Pizarnik, ¡esos panas sí estaban claros! Seguramente se reirían si supieran que los tratamos como dioses. Se reirían, no, se burlarían a sabiendas de las referencias oscuras en que se han tornado tantos trovadores, tantos aedos. "Aquí es. Se ve cerrado, pero tranquilo. Estos no tienen güiro conmigo", dice Scarface mientras paramos en una calle ciega que da con la Francisco Solano. "El Capri siempre rescata", dice el cómplice. De repente, un flashback: Capri también era el nombre de un restorán del Pueblo de El Hatillo que siempre se llenaba de gente. Cantidad de veces hice colas de una hora para comer ñoquis ahí con mi familia; cantidad de veces maldije el tiempo que podía invertir en videojuegos y tareas para el colegio; cantidad de veces me desesperé al pensar que en la adultez se cambia el vivir por el sobrevivir, el encuentro con el otro por el encuentro con el estómago. Me paso la lengua por los labios al notar la ironía, pero la sequedad me insulta. Nos abren, pedimos unas birras —unas birras de mierda, Polar Ice, combustible de mala calidad— y tomamos una mesa. "Dale sin pena aquí, solo estate pendiente si se asoma algún paco". Vamos con todo: línea tras línea tras línea, birras de mierda que no permiten que pase de segunda a tercera. Me paro, me siento, me paro, me siento, me acerco a la ventana, me siento. "¿Entonces, chamo? Tranquilo. Cuando sean las nueve, vamos al Callejón y nos damos unos palos de verdad", dice Montana mientras espolvorea la punta de un cigarrillo. No me queda mucha plata, pero menos quedan ganas de volver a la insoportable levedad de la rutina. La cocaína hay que entenderla como un pacto con el diablo: mientras más la esnifas más hechizos aprendes, más fácil se te hace coronar en una fiesta o lanzarte un solo de guitarra con los dientes, sobre todo si hay alcohol de por medio; pero cuando se acaba la pócima Mefistófeles te estrangula, transforma el sueño y los sueños en insomnio e inseguridades. Mientras respiro con dificultad, Scarface me cuenta su admiración por Al Pacino, me muestra la primera escena de *Carlito's Way* en YouTube: se la sabe de memoria, repite los diálogos, señala la composición de las tomas. Estoy maravillado, pero me cuesta demostrarlo, solo alcanzo a comentarle que sería un excelente estudiante de Artes o de Letras. "¿Estudiar, yo, me has visto?", responde entre risas. El otro *dude* saca un papel arrugado de su bolsillo donde tiene escrita la letra para un tema de rap –resulta que sueña con ser trapero, pero Anuel le parece un *fake*. No me entusiasman sus letras tanto como la crítica del rey de los parqueros –crítica que, de pana, dejaría a muchos escritos de Cahiers du Cinéma como meras digresiones–, pero la sorpresa es suficiente para calmarme un poco y hacer algo, maldita sea, algo que no sea pararme y sentarme y asomarme a la ventana y sentarme. Reescribo su canción a manera de poema; lo lee con dificultad, se sonríe y lo guarda en su cartera. Nos abrazamos, brindamos por nuestra aventura y maldecimos los prejuicios que siembran las escuelas. Pero, ¡alarma!, no queda casi polvo de hadas, la fe y la confianza peligran. "¿Al Callejón de la Puñalada?", pregunta el desnombrado. "Yo digo que sí, ¿tú qué? Tranquilo que no te vamos a dejar morir", palabras de Montana. De bolas, de bolas que sí, vámonos ya. Mi cabeza transita entre los Campos Elíseos y los Campos Asfódelos: si pierdo mis virtudes y me vuelvo un hombre ordinario, los miedos que repiten mi clase como rezos invadirán mis sesos. Pues nada, paramos en un estacionamiento sombrío en la Casanova y caminamos al local del portugués – obviamente así no se llama el bar, pero bueno, todo un personaje el dueño, bien inconfundible su acento. Convenzo al dueño de que me deje pasar mi tarjeta extranjera, charlamos unos minutos sobre Pessoa, y compro cigarros y un anís de mierda. Se nos une a la mesa las otras dos personas del local: un loco que anda en gabardina y franelilla y no deja de comentar que lleva tres días sin dormir, una jeva con demasiada energía que se hace llamar hermana de una actriz que fue famosa cuando Venezuela producía telenovelas, ni idea del nombre. Scarface sale a buscar más perico bajo la promesa de que lo pague yo. Le digo que no hay rollo si consigue donde pasar la tarjeta. Mientras bebemos y se nos va pasando la nota, las manos del infierno comienzan a aferrarse a mis pies. El cómplice va al baño y vomita. Me doy cuenta que hay una rocola y pongo reggaetón para activarme, pero no la pego con el ánimo del local, así que cambio a temas de Bowie y de Queen. Estoy sentado, bebiendo con ansias mientras espero, trato de cantar los coros pero mi voz es solo un susurro. Mientras tanto, me acorrala la hermana de la actriz y habla sobre lo tanto que ama el perico, las sifrinas de su tiempo que se partían las narices en las casas del Country, lo bello que le parezco y lo idiota que le parecen sus hijos. Aparece Scarface con un tipo con los ojos hinchados de morado –no de rojo, de morado– y me pide que vaya con él, me dice que confíe. Sin rollo: paso mi tarjeta en un restaurante que queda a dos cuadras –"pa' que mi novia se coma algo bueno", dice el *dealer*–, luego la paso en una farmacia para comprar chucherías, luego nos paramos donde un vendedor de pulseras que nos da una llave, luego nos metemos en un depósito frente al portugués donde le sacamos a una pipa y me da la bolsita. Lo he entendido todo: cuando nunca te has drogado, piensas que Caracas es una ciudad pacata. Pero cuando te fumas tu primer porro, te das cuenta del pocotón de gente que también fuma y de las movidas que hacen en cada fiesta para alejarse y sacarle todos. Después te esnifas tu primera línea y comprendes por qué tantos panas mascan chicle todas las noches y por qué van de fiesta en fiesta sin mostrar cansancio. Lo más arrecho es cuando, perdidas las inhibiciones e inseguridades, compras drogas en el barrio, en el bulevar, en la plaza y pillas cuánta gente está involucrada en el negocio. *Everybody's in on it*. El mercado de las drogas no es un mercado, es un ecosistema. Las plantas producen oxígeno, los herbívoros lo respiran y se las reparten como comida, los carnívoros también lo inhalan y devoran los herbívoros, sus cadáveres se vuelven fertilizantes y nacen más plantas; la dictadura importa las drogas, los pobres las consumen y las venden para que la comunidad subsista, los ricos también las consuman y las compran a precios irrisorios, el dinero que sobra lo recauda la dictadura con sus planes alimentarios y sus restaurantes lujosos y se importan más drogas. Si no conoces los ciclos de la naturaleza, no te das cuenta de que ocurren ni de cómo enmarcan tu día a día; lo mismo ocurre en este país de estúpidos y estupefacientes. Entro al bar del portugués y troto hacia el baño. Trato de controlar mis temblores y trazo unas rayas sobre la tapa del tanque. Antes de cerrar la puerta, la señora telenovela se colea y me pide unirse al plan. El hombre es un ser social, decirle no le restaría a mi humanidad. En definitiva, los *junkies* somos menos bestias que quienes andan en pichirreos y prejuicios. El contrato social es un compartir en puño y letra; el que no brinda lo suyo es un animal atrapado en un zoo. Me cago de la risa, finalmente puedo carcajear, hasta que siento una caricia entre mis piernas. "No me digas que eres maricón", me dice con un aliento que penetra mis fosas nasales pero que no puedo oler. Entra entonces Scarface al baño y me saca de la situación. Igual si hubiese querido, la cosa habría sido imposible: mi pene dejó de existir hace varias horas, tirar tan empericado es una tragicomedia. Cuando volví a la mesa, el pana de la gabardina aprovechó que la jeva seguía en el baño para encerrarse con ella y comerse lo que ya venía caliente. Pasados los últimos tragos de la botella, le hablo claro a Scarface y le digo que ni de vaina puedo manejar de regreso a mi casa, pero que debería irme pronto. Mi nariz llora sangre y nieve, es el mediodía de un domingo y mañana tengo trabajo, no hay manera de evitar que me vuelva un portal al inframundo. "Consigo un poquito más de *white* y te dejamos. No hay rollo que El Hatillo sea lejos. Ahí nos dejas y agarramos camionetica de regreso". Perfecto: pronto acabará mi viaje por el país de las maravillas: agonizaré en mi casa y agradeceré las lecciones del absurdo. Pero nadie atiende las llamadas de Montana tras montarnos en el carro y dar vueltas por Chacao, los parqueros del San Ignacio que hacen vida en las mañanas no tienen *baggies* de sobra, en el barrio Santa Cruz nadie quiere fiarle a mi amigo. Pasa una hora y no hay suerte, pierdo los estribos mientras los latidos de mi corazón me regañan, exijo que me dejen en mi casa de una vez, que ya está bueno. "¿No y que querías *white* y conocer Caracas, pues?", me pregunta Scarface entre decepcionado y estresado, "¿tú no y que querías material para escribir?" Respondo que me lleve, ya es muy tarde, no puedo extender más el presente si quiero retratarlo. Creo que me contradigo: los que escriben con decencia no creen en el futuro, pero tienen que inventarlo para escuchar sus propios gritos. Se ha repetido mucho, ¿pero qué sería del hombre sin sus contradicciones? Defendemos la democracia a sabiendas de que la propaganda puede más que la reflexión. Damos vida a miles a sabiendas de que todos moriremos. Diseñamos tradiciones y folclor a sabiendas de que los países se transforman con el paso de los siglos. Pienso en esto mientras mi pana, por primera vez intranquilo, se les pega a otros carros a toda velocidad en la autopista. "No te cagues, vale", me dice cuando le pido que maneje más lento, como antes. A la altura del distribuidor Santa Fe, da la vuelta hacia Valle Arriba y se mete en Las Mercedes. Pregunto qué coño está haciendo y me manda a callar a la vez que me insiste en que me dejara en mi casa. Se enrumba hacia San Román y para el carro frente a una casa cercana al Urológico. "Voy a llamar al jefe y voy a salvar la patria", dice sonriente. "¿Qué haces afuera a esta hora, tú estás loco? Ando en un almuerzo familiar, arranca", responde el desconocido con un acento marcadamente sifrino. Scarface llama y llama y el jefe repite lo mismo y llama y le deja de atender. El cómplice está noqueado: mis sueños sobre sus buenas vibras ahora son inseguridades sobre su salud. A mi casa, no queda de otra, lo asumimos los dos en silencio. La jocosidad de Scarface se desvanece. Maneja a cientos de kilómetros por hora; se cambia de canales bruscamente, sin poner las luces; exprime la corneta y les pega insultos a los que van con los vidrios abajo. Lo regaño cada tantos minutos, pero solo responde que ya me va a dejar, que no me queje. Finalmente, llegamos a la entrada del centro comercial Galerías Los Naranjos, donde le pido que me pase el volante para seguir hacia mi casa. "Ajá, ¿y no nos podemos quedar ahí?" Le digo que no, que mis tíos se van a espantar si llego con ellos, que saldremos todos botados. "¿Pero no has metido a amigos en tu casa antes?" "De bolas, pero no a amigos como ustedes". Y me doy cuenta del peso del comentario, de que mi imprudencia no puede cambiar el mundo, de que las divisiones de la ciudad preceden mi curiosidad por el otro y lo confinan al morbo, de que mis intenciones de enfrentar el asco son fantasías de un niño mimado. "¿No me habías dicho que resolverían cómo volver sin rollo", le recuerdo mientras interrumpo su "ah, ya entendí". "¿Me dejaste conseguir más *white*? No. Hubiese podido caminar por ahí hasta caer en algún lugar con eso. No sería la primera vez que duermo en la calle. Pero tengo que volver a Chacao y ahora tengo hambre –"tenemos hambre", corrige el trapero-*to-be*, recién levantado–, tienes que resolvernos una cosa o la otra". "¡Si ya me gasté todo mi dinero jodiendo con ustedes!" Scarface se calla, me da las llaves del carro y me dice que me vaya, que los deje allí entonces y los lleve mañana. Literalmente me jalo los pelos, reviso mi celular como si allí tuviera una respuesta, mis uñas salpican sangre de morderlas tan fuerte. "Bueno, bueno, vamos a ver si la tarjeta extranjera pasa en algún lugar aquí". Nos bajamos y entramos al centro comercial, nos miran feo mientras pasamos de local a local, ninguno de los puntos acepta Mastercard. Maldigo mi suerte, maldigo que las líneas que separan la ciudad sean de creyón y no de tinta: ¿cómo coño es posible que en la Caracas de la mugre se acepte lo extranjero y que en la Caracas de la miel se limiten los modos de crecer?, ¿por qué coño en la Caracas del crimen me veían con afán mientras que en la Caracas del respeto ven a mis ya-no-sé-si-amigos con desdén? El sureste de la capital se pretende educado por sus colegios bilingües, cosmopolita por sus familias de hijos de inmigrantes, pacífica por su lejanía a los focos de violencia política. Mas todo eso se revierte cuando quienes no son de ahí se pasean sin pena. El sureste no es un oasis, es una burbuja: antes que aceptar a otros sedientos del desierto, prefiere volverse un domo de cristal. Pero el sureste es mi casa, no puedo reordenarla desde fuera, no puedo despreciarla sin sus premios. A la mierda, soy parte de lo que critico, pero prefiero joderme a mí mismo que joder con muñecos de plástico. Después de tanto fracaso, vamos a la línea de taxis: tampoco me aceptan la tarjeta. "Bueno, nos tienes que dejar donde nos conseguiste, si no nos quedamos en el Optra". Me repito a regañadientes que esto es agua, que lo esencial es invisible a los ojos, que Dios murió hace bastantes años, y nos montamos en el carro. De regreso, Scarface maneja como si quisiera más cicatrices en su rostro. Ya no me quejo, ni me río de los chistes que suelta para aliviar la tensión: esto es agua, esto es agua, esto es agua. Llegamos al Hotel Gioly, donde se bajan del carro y me devuelven la llave. "Muy bueno todo, poeta, te quedo debiendo perico para la próxima aventura", dice Scarface tras montarme en el asiento de piloto. "Sí, bueno, no sé", respondo y arranco. No sé si las luces sobre El Guaire que me distraen en la autopista son un descaro o un descanso. No sé si la letra del remix de *Te boté* que rujo cuando sale en la radio la dirijo a mí o a las drogas que ensucian mis pocas sonrisas o a los ángeles de alas rotas que me invitan a sus cielos. No sé si la luna menguante que marca las siete de la noche se enorgullece de mi aprendizaje o si se burla de mi ingenuidad. No sé si el temor que me invade cuando paro en mi edificio nace del miedo a mis tíos o a mis ideas. No sé si ya arropado, pesadillas con los ojos abiertos, mi viaje a los extremos de estas nuevas sociedades queden como rabieta adolescente o como trabajo de campo. No sé si después me lean, si valga la pena que me lean, si rasguñe con mis dientes las pieles que me lean. No sé si mañana despierte, si quiero despertar siquiera. No sé si soy grande o minúsculo. No sé nada.

rumores enemistados abrazan mi garganta

aunque mi definición fue nítida, me escapé. de tus ojos pululantes, papagayos sin cordón, de la grasa que tus dedos esculpen. el espiral promisorio sustituyó mi imagen y quedé en el fondo como mancha arqueada de tus iris. agradezco la ayuda del fantasma satelital, interrumpió tu glotonería a tiempo. ¿cómo pudiste creer que me tendrías entre barrotes de cristal?

cuando las estrellas desean, entienden que el resto se vacía. tuercen sus cabezas a los lados y se someten a la vergüenza. arriba nada cambia, a pesar del fuego vomitado. siguen el pitillo, las hojillas, los dólares: al polvo que somos corremos. un destello fugaz es una carta suicida, la mano de Dios. es muy tarde para mirar el cielo con ensueño.

transita la gota sobre la autopista de mi frente. derrapa sobre mis labios craquelados y consigue la salida a mi yugular. esquiva mis cicatrices y huecos, compañeros del asfalto más frágil, y prosigue sin prudencia. sospecho que el arbusto masticado tantas veces será semáforo. tan ingenuo yo, la noche no respeta señales de tránsito. cae el conductor a mis pies y descubro mi calma agrietada: chocar y llegar a casa son sinónimos.

los cuernos que enarbolé para asustarte no bastaron: quisiste decorarlos cual fiesta navideña. ante el veneno vanidoso de mis escamas, juraste tu devoción al extravío. piensas, incluso, que mis piojos pueden animar tu pulcritud. espejo de mi infancia más aguada, ¿cuándo comprenderás que corro de tus rosas porque ya me trague mis pétalos?

deja de quejarte: no tuve que dejarte estatuas. el viento que se esconde en tu bolsillo carga con todas mis réplicas. aprovecha la nube que exhalas y olvida mis ejemplos inadvertidos: no vuelvas tu nariz polvo de estrellas. apuñala las llantas de tu féretro, desvía la sangre de tus encías: el gato ya devoró mi sombra. no busques mi pelambre en una calle desnuda. no busques otros dos puntos para darles sentido a los ecos.

enterrad mi cuerpo

y si un día tengo que naufragar
y el tifón rompe mis velas,
enterrad mi cuerpo cerca del mar
en __________,

Pablo Herrero & José Luis Armenteros

heme nasal, osado,
voz de extravagancias que nadie dice en los abastos.

me paro sobre la sección de verduras
y prenso el estómago para que ningún oído me falte

"¿quién creen que soy, a quién me le parezco?

¿creen que mis palabras pueden hacer daño?

¿creen que es posible tomarme en serio?"

ausentes, las respuestas,
el traqueteo de los carritos de mercado mantiene su sinfonía.

nadie voltea los ojos a mí o al revés de sus cabezas

y por ello, tiemblo.

"amén, así, con convicción.
como si la *a* resumiera la patria
como si *men* condensase la muerte,"

predica la voz del viejo mesías
ante los seguidores confundidos del nuevo.

creo que es lo que predica
de vez en cuando se enredan mis párpados
y el sermón se confunde con mi mesa de noche.

¿misionero de las armas, militante de las almas?

                              no lo sé, me da igual.

                  pero no es

                      lo mismo.

amo las minas de los osos
        las balas que esconden en su pelaje
        las mieles que tragan en llamas.

amo sus uñas cenicientas, enardecidas
de tanto pez disparado.

cuando las escamas acompañan el gas lacrimógeno
doy gracias por el festín y la ternura.

amo su rímel de pólvora, sus dientes de plomo.

pero cuando despiden la acción e hibernan
detallo sus ronquidos melódicos

y los escalofríos me poseen.

humo no, sino nubes de sangre

circundan mi ciudad y sus bemoles.

llueven como si conocieran la rabia

sobre techos de zinc y murallas grafiteadas

—bañan de rojo la fragilidad y la mancha.

nosotros,

enceguecidos de tantos estacionamientos llenos de polvo

despistados por pitidos de plomo,

abrimos nuestros brazos para nutrirnos de la cascada.

tallo carmesí y resplandeciente, extremidades como flores,

ya podemos patear más cabezas contra la acera

para que el ciclo natural de nuestra cultura

transcurra.

siete estrellitas, perdidas detrás del azul,
¿cuándo se pondrán la capucha para aporrear
al impostor octavo?

Sobre el autor

Carlos Egaña (Caracas, 1995) es un escritor venezolano radicado en Nueva York, donde cursó la maestría en Escritura Creativa en Español de NYU. Entre sus obras, destacan la novela *Reggaetón* (Ediciones Puntocero, 2022) y los poemarios *hacer daño* (Oscar Todtmann Editores, 2020) y *Los Palos Grandes* (dcir ediciones, 2017). Ha sido profesor de Estudios de Género y Narrativa Norteamericana Contemporánea en la Universidad Católica Andrés Bello, así como de lenguas modernas en distintos niveles educativos. Y ha publicado textos sobre artes plásticas, política latinoamericana y cultura pop en varios medios de Venezuela (como Prodavinci y El Estímulo) y los Estados Unidos (como Jacobin y NACLA).

Septiembre 2024
Impreso en Buenos Aires,
Buenos Aires Poetry
www.editorialbuenosairespoetry.com

9 789878 470900